UNE

FAMILLE BRIARDE

DU TEMPS PASSÉ

LES LOUVIERS-MAUREVERT

PAR

TH. LHUILLIER

MEAUX

IMPRIMERIE G. DESTOUCHES, Sʳ DE J. CARRO

1877

UNE

FAMILLE BRIARDE

DU TEMPS PASSÉ

LES LOUVIERS—MAUREVERT

PAR

TH. LHUILLIER

MEAUX

IMPRIMERIE G. DESTOUCHES, S^r DE J. CARRO

1877

UNE FAMILLE BRIARDE DU TEMPS PASSÉ

LES LOUVIERS-MAUREVERT

La famille de Louviers, originaire de la Brie, a possédé pendant plusieurs siècles la seigneurie de Saint-Méry, celle de Maurevert près Chaumes, et d'autres fiefs de quelque importance à Cannes, à Nangis et ailleurs. Elle a fourni un gouverneur à la ville de Melun dans la seconde moitié du XVIIᵉ siècle, et le P. Ménestrier nous a transmis son blason, qui se voyait autrefois gravé sur une tombe dans l'église des religieuses de Saint-Nicolas, de cette ville : « D'or, à la fasce de gueules, chargée en cœur d'un anneau d'or et accompagnée de trois rencontres de loup au naturel. » (1).

(1) Le dessin de la tombe de Marie de Louviers est conservé dans un recueil manuscrit d'épitaphes, qui se trouve à la Bibliothèque nationale (fonds du Saint-Esprit). L'écusson a été reproduit par M. Eug. Grésy, dans sa *Notice sur l'ancien hôtel-dieu Saint-Nicolas de Melun* (Paris, Boucquin, 1854, in-8° de 23 p.) ; il est un peu différent des indications du P. Ménestrier. La fasce n'est point chargée de l'anneau d'or ; on y voit deux fois le blason fascé et accompagné des trois rencontres de loup : au milieu de ces deux blasons est un cœur. Au-dessous se trouve l'épitaphe : « Cy gist le cœur de Marie de Louviés, fille de François de Louviés, escuier, sieur de Maurevert, Saint-Maurisces, Bourginette, Vert-Saint-(Père), etc. »
M. l'abbé Delaforge, dans sa *Notice sur Notre-*

Si elle a brillé parfois de certain éclat, si elle avait acquis de l'importance par ses biens, cette famille noble — il faut le dire aussi — a doté le pays melunais de personnages peu sympathiques, quelques-uns convaincus, selon l'expression d'un chroniqueur du temps passé « de volleries, vilenies, pilleries, meurtrisseures et mort d'hommes. »

Le hasard ayant fait tomber dans nos mains des titres relatifs à la maison de Louviers, nous avons eu la curiosité de pousser plus loin les recherches.

C'est au commencement du xvᵉ siècle qu'on rencontre pour la première fois ce nom porté, dans la contrée, par les possesseurs du fief des Grands-Murs, à Cannes; en 1441, Jehan, fils de Nicolas, achète dans la même localité la seigneurie de La Forest (1).

Soixante ans plus tard, les Louviers figurent comme seigneurs de Saint-Méry près Champeaux, et du château de Maurevert, à Chaumes. En 1496, Charles de

Dame de Roïblay (Melun, Desrues, 1863, in-12), blasonne ainsi la maison de Louviers : « D'or à la fasce de gueules, accompagnée de trois têtes de loup à carnation, » sans parler de l'anneau.

(1) La seigneurie de Cannes ne cessa d'appartenir à cette famille qu'en 1638 ; saisie sur Françoise de Melun, veuve de Nicolas de Louviers, elle fut vendue à Daniel Jouvenot.

Louviers est aussi qualifié écuyer, seigneur du Châtel-lez-Nangis ; il meurt vers 1503, laissant de Geoffrine Hébert plusieurs enfants, dont Jean de Louviers, leur oncle, chanoine de Paris, fut le tuteur.

En 1514 intervint entre les religieux du Jard, près Melun, et les frères de Louviers, Jean et Nicolas, seigneurs de Maurevert, un accord au sujet de « huit vingts arpents de bois enlevés au préjudice des religieux, dans les bois de Gresne, près Yèbles. » (1).

Nicolas était échanson du roi ; il est mort en 1540 et a été enterré dans l'église de Saint-Méry, ainsi que Bienvenue-Reine de Champrond, sa femme (1547) ; leurs tombes y sont encore, mais mutilées.

Claude, leur fils, devint gouverneur de Laon et épousa, en 1543, Françoise de Romaine (2) ; tous deux aussi ont été inhumés à Saint-Méry, en 1578 et en 1593.

De leur temps, un François de Louviers était curé de Saint-Méry ; il comparut, en 1558, à la rédaction de la coutume de Melun, avec Michel, son frère, seigneur de Cannes et de Maurevert, en partie, —

(1) Inventaire des titres du Jard. — Archives de Seine-et-Marne, H. 141.

(2) Romaine, fief de la paroisse de Lésigny. — Françoise de Romaine, veuve en 1578, comparut le 6 juillet de la même année, en qualité de marraine, à l'église Saint-Etienne de Melun (Reg. paroiss.).

Claude, seigneur de Saint-Méry, et Charles, seigneur de Bois-Poussin (1).

C'est encore un Louviers qui était seigneur de Châtel-lez-Nangis lorsque François Ier autorisa les habitants de Nangis à se fortifier et à enclore cette ville de murailles.

Antoine, de la même famille, possédait le fief de Bourguignon, à Fontains, et celui de la Borde de Moutils, à La Chapelle-Rablais ; — Charles-Louis était seigneur de Cornillon et jouissait de biens assez étendus à Vaudoy.

Pendant les troubles religieux du xvie siècle, un autre Charles de Louviers, sieur de Maurevert, qui s'était fait huguenot, s'acquit une triste renommée. Il assassina l'amiral de Coligny et, après cet exploit, se retira paisiblement dans son château de Maurevert. Déjà le même personnage avait tué le brave de Mouy, l'un des chefs calvinistes, au moyen d'un meurtre commis avec des circonstances odieuses qui lui avaient attiré le surnom de « tueur du roi. » (2). Louviers avait touché de ce fait une prime de 2,000 écus d'or, en 1569, et reçu diverses récompenses de Charles IX, entre autres le commandement d'une compagnie de cavaliers.

(1) A Fontains.
(2) Bordier et Charton. — Hist. de France.

« Le 22 août 1572, raconte le chroniqueur Claude Haton, curé du Mériot, (1) un coup d'arquebuse est tiré par une fenêtre sur l'amiral Coligny, qui reçoit la balle dans l'épaule... Qui eût le renom d'avoir fait ce coup, fut un gentilhomme de la Brie nommé le seigneur Maurevert ou Maurovart, celuy qui avait tué le baron de Mouy dans le camp rebelle, aux guerres civiles de Moncontour, pensant déjà tuer ledit amiral, suivant la permission du roy.... »

D'après les mémoires de Tavannes, la reine-mère et le duc d'Aumale auraient poussé Maurevert à commettre cet attentat deux jours avant la Saint-Barthélemy.

Sept ans plus tard, en 1579, dit encore Claude Haton, le pays entre Troyes et Paris se trouvait infesté de voleurs et de ravageurs ; leur chef, le capitaine Michery, échappe aux gens de justice en se réfugiant dans un château-fort près de Guignes. Le sieur de Maurevert et le possesseur de ce château, qui est son oncle, se prennent de querelle ; aussitôt des troupes de garnements qu'ils rassemblent se combattent plusieurs mois aux dépens des gens d'alentour (2).

(1) Les mémoires de Claude Haton ont été édités par M. Félix Bourquelot ; Paris, impr. impériale, 1857, 2 v. in-4°. — V. p. 567 et 667.
(2) Mém. de Claude Haton ; page 1004.

Ce nom de Louviers ne revient guère dans nos chroniques et n'apparaît dans les vieilles archives que pour justifier sa fâcheuse notoriété. Tandis que d'anciennes familles nobles répandent les bienfaits sur leurs vassaux, celle-ci pèse au contraire de tout son poids sur ses malheureux voisins : le souvenir de ses faits et gestes, pendant de longues années, n'est pas de nature à faire regretter le bon vieux temps.

Le 5 août 1581 une sentence du bailliage du palais à Paris, confirmée le 11 août de l'année suivante par arrêt du Parlement, condamnait à l'amende envers le roi, envers le chapitre de Champeaux et l'église des Cordeliers de Paris, Louis de Louviers fils, seigneur de La Motte-Saint-Méry, qui avait maltraité et fait bastonner par ses gens Etienne Rousselot, sergent de la prévôté de Champeaux. Outre ces amendes, il dût payer 300 livres de dommages-intérêts au sergent Rousselot (1).

Mais la leçon ne profita guère.

Au mois de juin 1582, le jour de la fête de Saint-Méry, les mêmes faits se reproduisirent contre les gens du chapitre et les officiers de justice de Champeaux, parce

(1) Invent. des titres des chanoines de Champeaux, t. 2, p. 340. — Archives de Seine-et-Marne.

que Françoise de Romaine, veuve de Claude de Louviers, prétendait avoir seule le droit d'ordonner la fête. Cette dame fut condamnée à son tour par le prévôt de Paris, ainsi que quelques habitants du village qu'elle avait ameutés. (1)

A diverses reprises et notamment pendant les troubles de 1563 et 1590, le chapitre de Champeaux fut obligé d'aliéner sa part de la terre de Saint-Méry, sauf à la racheter plus tard, quand la paix ramènerait l'aisance. Claude de Louviers, habitant la Motte de Saint-Méry, vieux château fortifié, avec pont-levis et fossés remplis d'eau situé au milieu du village, — puis Louis de Louviers, son fils, — avaient acquis les biens des chanoines, dont divers arrêts ordonnèrent plus tard la rétrocession. Cette circonstance resta jusqu'à la fin une source de procès et de tracasseries incessantes.

Agressifs avec les grands, batailleurs avec leurs égaux, les Louviers — on le devine — n'étaient pas doux envers le populaire.

Le 12 novembre 1621, François de Louviers, père, seigneur de Grigny et de Saint-Méry, Jacques, son fils aîné, seigneur de Vauchamps en Lorraine, et

(1) Même inventaire de titres.

Gilbert, son neveu, (1) se rendent à Ozouër-le-Voulgis, accompagnés de leurs laquais et domestiques. Ils sont à cheval, armés d'arquebuses, d'épées, de pistolets; apercevant un certain nombre d'habitants, usagers des bois communs, qui marquent la coupe à faire pour l'hiver, les seigneurs et leurs gens piquent des deux et fondent en criant à mort sur les pauvres habitants qui reçoivent une décharge d'armes à feu et force coups d'épée : deux villageois sont tués et d'autres blessés assez grièvement.

Mais cette fois, plainte fut portée par les survivants, et les familles des victimes se déclarèrent parties civiles ; les justiciers, d'abord hésitants, ne purent refuser leur intervention.

Les Louviers et leurs valets, convaincus de meurtre, furent décrétés de prise de corps et déférés au Châtelet de Melun (2).

(1) Fils de Louis de Louviers de Saint-Méry et de Françoise Lejeune.

(2) Ainsi se trouve confirmé ce passage de l'Histoire de Seine-et-Marne, par le docteur Pascal (Tome 1er, p. 167), sauf une erreur de date d'une vingtaine d'années.

« En 1600, dit cet écrivain, les seigneurs de Maurevert cherchèrent à s'emparer des bois communaux d'Ozouër et, comme les voies ordinaires de la justice ne leur étaient pas favorables, ils tentèrent de s'en rendre maîtres de

Toutefois, lorsqu'on les rechercha, lorsqu'après une lente procédure préliminaire, on se décida à faire des perquisitions dans les châteaux de Maurevert et de Saint-Méry, il était trop tard : les coupables avaient disparu prudemment, sauf un domestique nommé Gallerand. C'est par défaut que le lieutenant général criminel Ambroise Rousseau prononça sa sentence le 18 décembre 1621.

Une copie authentique de cette sentence a été retrouvée à Ozouër-le-Voulgis (1); elle contient quelques détails assez intéressants à noter.

Les sieurs de Louviers, en qualité de nobles, étaient condamnés à avoir « la tête tranchée sur un échaffaud, qui sera (est-il dit) pour cet effet posé en la place du martroi de cette ville » (de Melun), et leurs complices absents, laquais et domestiques, à « être pendus et étranglés à des potences mises et plantées pour cet effet au

vive force. On en vint aux mains ; des coups de fusil tirés sur les habitants, en tuèrent plusieurs. Les seigneurs pris, jugés et condamnés, obtinrent facilement leur grâce, ils étaient gentilshommes et n'avaient tué que des vilains. »

(1) La minute et les pièces de la procédure existent sans doute dans les anciennes archives du greffe du tribunal de Melun ; nous n'avons pu toutefois les y consulter, faute d'un classement méthodique.

même martroi de cette ville, au cas que faire se puisse et qu'ils soient pris et appréhendez... Au cas où pris et appréhendez ne pourroient être, l'exécution se fera en figure, à laquelle, pour les faits résultant du procès, nous condamnons Charles Gallerand fils, d'assister la corde au col, avec défense de récidiver sous peine de la hart. »

Tous les biens des condamnés étaient déclarés « acquis et confisqués à qui il appartiendra ; sur iceux préalablement la somme de 10,000 livres parisis d'amende adjugée du roi, au cas que confiscation n'ayt lieu envers Sa Majesté ; de laquelle somme sera celle de 6,000 livres applicable pour faire un fond pour la construction et réparation d'un Châtelet ; et encore la somme de 18,000 livres adjugée à Pierre Debart, Arthus Bonneau et Jeanne Boiteux, parties civiles, etc... »

« Outre ce, dit encore l'arrêt, condamnons iceux accusés à payer 600 livres à une fois à la fabrique d'Ozouër, pour dorénavant et à perpétuité faire dire et célébrer un obit et service solennel le 12 novembre, en mémoire desdits Debart, Lemousle et Chevalier ; et encore la somme de 600 livres tournois que les condamnons à aumôner ès Hôtels-Dieu St-Nicolas et St-Jacques de cette ville...

« Ordonnons en outre que la basse fosse décrite et désignée par notre procès-verbal du jeudi 18 novembre dernier sera, en notre présence et du procureur du roi, démolie du pied de la fondation et première assise jusqu'au rez-de chaussée, puis comblée et remplie. Faisons défense à qui que ce soit de la rétablir à peine de la hart... »

Gallerand fils entendit la lecture de la condamnation « un genou en terre en la manière accoutumée. » Et le jour même, à cinq heures de relevée, l'arrêt fut exécuté contre « les tableaux ou figures » des condamnés absents. Suivant les termes de la sentence, ces effigies furent attachées à une potence dressée sur le marché au blé, « en présence du lieutenant criminel, du greffier et des sergents, après les cris et proclamations faites par les carrefours de Melun (1). »

Aucun document authentique ne nous fait connaître ce qui advint à l'égard des sieurs de Louviers. Sans doute, comme le rapporte le docteur Pascal, ils obtinrent des lettres de grâce, car on les retrouve bientôt dans le pays, rentrés en possession de toutes leurs seigneuries.

Dès 1625, François de Louviers a repris

(1) Inventaire ms. des titres du chapitre de Champeaux ; II, 412.

ses titres de seigneur de Maurevert, Vauchamps, Saint-Maurice, Vert-Saint-Père, avec la qualité de gentilhomme ordinaire de la chambre du roi, et sa fille Marie est religieuse à Saint-Nicolas de Melun. Le cœur de cette fille fut inhumé dans l'église du couvent.

En 1656 Gilbert de Louviers, encore un des condamnés de 1621, renonce à la succession de son père ; il habite son château de la Motte Saint-Méry, et fait, peu de temps après, une donation en faveur de Thomas de Bled, sieur de La Fosse, commissaire de l'artillerie. (1).

Une sentence des requêtes du palais prononcée le 19 décembre 1635, sur la plainte des chanoines de Champeaux, interdit à la veuve de Louis de Louviers, — mais pour des causes étrangères au procès dont nous venons de parler, — de se qualifier dame de Saint-Méry ; elle ne l'était qu'en partie. C'est en effet le titre que prend alors son cousin, Louis de Louviers-Maurevert, marié à Marie Le Prévost de Champrose en 1631, et qui mourut en 1652.

Ce seigneur fut enterré dans la chapelle de son château de Maurevert, où devait être inhumée à son tour, trente-deux ans plus tard, Marie Le Prévost.

(1) Inventaire de l'église collégiale de Champeaux ; t. II, p. 398.

Leur fils aîné était capitaine aux gardes françaises. En 1663, des soldats de sa compagnie, qu'il fit loger dans sa terre de Saint-Méry et aux environs, y commirent des dégâts et des exactions assez graves pour que le chapitre de Champeaux dût s'adresser au roi afin d'y mettre ordre. Le roi, par lettres du 17 octobre, ordonna qu'une somme de 300 livres serait d'abord prélevée sur les appointements du sieur de Maurevert, pour indemniser les habitants les plus éprouvés ; et le 4 mars suivant, le lieutenant criminel du bailliage de Melun procéda à la distribution de cette somme, en raison des « pertes, dommages et maltraitements à eux faits par la compagnie du capitaine Maurevert » (1).

Quelques années plus tard, de 1670 à 1684, on retrouve le même capitaine investi de l'office de bailli de Melun et Moret, avec le titre de gouverneur pour le roi des ville et château de Melun (2).

Ce personnage, marié en 1662 à Denise du Montceau, mourut en 1684 et fut inhumé comme plusieurs de ses ancêtres dans la chapelle de Maurevert.

Sa fille aînée, Marie-Elisabeth, avait épousé en 1678 un oncle à la mode de Bretagne, François de Louviers, sieur de

(1) Inventaire de Champeaux ; II, 340.
(2) Archives départementales de Seine-et-Marne ; B, 116 ; E. 1408.

Vauchamps, premier écuyer ordinaire du roi, qu'on retrouve en 1701 s'opposant, avec sa belle sœur Denise-Agathe de Louviers, comtesse de Salles, à la célébration par les chanoines de Champeaux, de la messe solennelle en l'église de Saint-Méry, le jour de la fête patronale.

Cette fois encore les chanoines eurent la satisfaction de voir leurs droits confirmés par sentence du 31 mai. Injonction fut faite, de plus, aux sieurs de Louviers d'effacer la litre funèbre qu'ils avaient commencé à peindre dans l'église, sauf à conserver leur banc dans le chœur. Il y eut à ce propos des mémoires imprimés pour et contre ; on alla au Parlement, qui donna définitivement raison aux chanoines, le 29 mars 1702 (1).

François de Louviers mourut la même année 1702, laissant seulement trois filles : Marie, religieuse aux Annonciades de Melun ; Marie-Charlotte, mariée en 1704 à Charles-Nicolas-Saladin d'Anglure; comte d'Etoges ; et Denise-Renée, mariée au marquis de Saint-Vallier.

Ainsi paraît s'être éteint le nom de cette famille qui disparut alors de la Brie et, selon toute apparence, n'y laissa pas de bien vifs regrets.

(1) Inventaire des titres de Champeaux ; II, 250, 427.